# कितना कहने को बाक़ी है

सुधा जैन



notionpress.com

INDIA • SINGAPORE • MALAYSIA

ISBN
Paperback 979-8-90319-982-2
Hardcase 979-8-90392-964-1

# अन्तर्वस्तु

# आमुख

किशोरावस्था में भावुक मन का परिवेश, मन को छू जाने वाले क्षण, इन से कब भावनाओं ने लेखन की ओर प्रेरित किया और शब्दों ने कविता का रूप ले लिया, पता ही नहीं चला। उपन्यास हो, कविता हो, पढ़ने की ललक माँ की डाँट से भी नहीं रुकती थी। धर्मयुग, साप्ताहिक हिंदुस्तान, कादम्बरी जैसी पत्र-पत्रिकाएँ घर में आती थीं, जब तक पढ़ना न हो पाए, मन अधीर रहता। कवि गोष्ठी, कवि सम्मेलन शहर में हो तो जैसे लाटरी लग गयी। हमारे पिताजी जिन्हें हम लालाजी कहते थे, उनके साथ जाती थी। मैनपुरी में आयोजित नुमाइश के विराट, और दूर-दूर तक श्रोताओं को आकर्षित करता कवि-सम्मेलन, रात्रि दस बजे से प्रातः चार बजे तक कवि गण का कविता-पाठ, प्रख्यात कवि पद्म भूषण गोपाल दस 'नीरज', सोम ठाकुर जी के कविता पाठ के दूसरे दौर का इंतज़ार-कितना मूल्य उन सब का रहा। इसी परिवेश ने मन में उठती भावनाओं को शब्द दिए-फिर कभी कुछ विशेष क्षण और उनकी अभिव्यक्ति होने लगी, कहीं कोई हिसाब नहीं, बस जब जैसा मन को छुआ वह लिख लिया। कभी ऐसा भी हुआ की बहुत कुछ मन में आया पर लिख नहीं पाए, वह लौट कर भी नहीं मिल पाया-तब अंतर्मन में कष्ट होता। इस

सबको काव्य यात्रा नहीं कह पाऊंगी-मुझे लगता है मन की आड़ी-तिरछी पगडंडियों पर अनछुए भावों की दौड़ है। सदैव ही मन संवेदनशील रहा, मन को जिन अनुभूतियों ने छुआ, शब्दों में बंध कर कविता का रूप लिया-यही कहना चाहूंगी। माँ शारदा की कृपा से संभव हो सका। जो लिखा उसका कभी भी संयोजन नहीं हूआ, नहीं कर पाए-आज बच्चों ने सब लिखा हूआ समेट कर, एकत्र कर के, बार-बार प्रेरित किया कि यह संकलन प्रकाशित हो। अंत में कहना चाहूँगी कि कविता मेरे लिए मात्र शब्दों का समूह नहीं बल्कि मेरी संवेदनाओं अनुभवों का प्रतिबिम्ब है। अब आप पाठक गणों को सौंप रही हूँ। यदि मेरी एक भी पंक्ति आपके मन को छू सके तो अपने श्रम, कृति को सार्थक मानूँगी।

**बसंत पंचमी** **सुधा जैन**
**२०२६** **लखनऊ, उ० प्र०**

# स्मृतियों के पुनर्वास की कविताएं

सुधा जैन के प्रस्तुत कविता संग्रह 'कितना कहने को बाकी है' की कविताएं पढ़ते हुए घर गृहस्थी के आंतरिक अनुभवों से गुजरना है जहां घर की यादें हैं, गृहस्थी की टकराहटें हैं, बच्चों की किलकारियां हैं और है पारिवारिक जीवन की अनेक छवियां। यहां परिवार का साथ है। प्रेम का बंधन है। प्रिय का साहचर्य है जिनको जीना है और जीते हुए जिन्हें धारण करना है। कई कविताओं में संबंधों की प्रगाढ़ता है या कि प्रगाढ़ संबंधों की अनेक छवियां हैं।

सुधा जी कोई सचेत व सावधान कविताएँ नहीं लिखती। इन कविताओं को पढ़ते हुए कविता के पारंपरिक मुहावरों की झलक भी नहीं मिलती लेकिन एक उन्मुक्त मन की ऐसी मोहक छवियां अवश्य मिलती है जिनसे कोई भी पाठक आसानी से प्रभावित हो सकता है। रोज मर्रा की जिंदगी से जब कविताएँ गुजरती हैं तब ऐसा ही प्रभाव छोड़ती हैं। 'जीवन-यात्रा' नाम की कविता में वे लिखती हैं-

मंज़िल तय कर ली

जब मन में

नहीं-कहीं

कुछ घेरा।

इसमें 'घेरा' शब्द पर जोर है। यह अवरोध के अर्थ में प्रयुक्त हुआ है। संकल्प ही मन को शक्तिशाली बनाता है।

कविताओं का मुहावरा बेशक पुराना है लेकिन इनमें अनुभव की ताजगी है और आत्मीय क्षणों की सहभागिता भी है। ये स्वान्तः सुखाय हैं लेकिन इनमें सामाजिकता के अक्स मौजूद हैं। महत्वाकांक्षी न होते हुए भी इन कविताओं में एक संदेश है जो जीवन के महत्व के पक्ष में घटित होता है-

कितना कहने को बाक़ी है,

कितना सुनने को बाक़ी है,

नहीं हिसाब करुँगी इसका,

बाक़ी रहना भी काफी है।

यहाँ 'बाकी रहना भी काफी है' में बहुत ही अर्थवान संकेत है जहाँ उम्मीद है। सपनों की आवाजाही है। बेहतर को पाने की ललक है। अधूरे के पूरे में रूपांतरित होते जाने की उम्मीद है।

कविताओं में प्रकृति है, पेड़ हैं, घर के लोग हैं, मनुहार है और है जग को रोशन करने वाली सूर्य रश्मियों की आहट। जीने की जद्दोजहद के बीच पुराने दिनों की यादें हैं जिन्हें बार बार पाने की कोशिश में ये कविताएँ बनती जाती है। कविताओं की भाषा में एक खुरदुरापन है जो लेखक के प्राकृतिक बोध का साक्षी है। यह खुरदुरापन ही

इन कविताओं को सहज व आत्मीय बनाता है। कविता की कुछ पंक्तियां द्रष्टव्य है–

कहाँ खो गए, कहाँ रह गए
कोई लौटा दे वो पल-छिन,
यादों में रखा है संजो कर,
काश! लौट पाते वो दिन।

सुधा जी को संग्रह की बधाई। उन्होंने एक बड़ा जीवन जीया है। ये कविताएँ उसी दीर्घ जीवन की ठोस अभिव्यक्ति हैं जिनका आरंभ ही गुरु वंदन से होता है। पहली ही कविता 'गुरु पूर्णिमा' में वे कहती हैं-

उदबोधन पाकर हे! गुरुवर
जाने कितने मन बदले हैं,
आत्मसात कर गुरु वाणी को
मन में अनगिन फूल खिले हैं।

**काशी हिन्दू विश्वविद्यालय** **श्रीप्रकाश शुक्ल**

**२०२६**

# आभार

मेरी हर कोशिश, हर अभिव्यक्ति को मेरे जीवन साथी, 'जैन साहब' ने ध्यान से सुना, उत्साह-वर्धन किया। चौंसठ वर्ष पहले कहे गए उनके प्रथम शब्द, "ज़्यादा उम्मीद कभी मत रखना, बाद में बहुत दुःख होता है", हमेशा याद रखती हूँ, बहुत भाग्य से ऐसा साथ मिला, बहुत सुख मिला।

दादा ने सबसे पहले मेरे बचपन की रचना देखी, और मेरा उपनाम 'छवि' भी रख दिया, वो बड़े भाई का प्यार था, हमेशा रहा।

पूज्य लालाजी और स्नेहमूर्ति अम्मा
को समर्पित

# गुरु पूर्णिमा

जाने कितने पुण्य फले हैं,
गुरुवर हमको आप मिले हैं।
आत्मसात कर गुरु वाणी को
मन में अनगिन फूल खिले हैं।

शांत सौम्य मुख पर है दमकती
सरल मधुर मुस्कान है! गुरुवर
बनें आपके जैसे हम भी
यही कामना मन में मुनिवर।

ज्ञान कला मन में जागी है
मुक्तिमार्ग पर चरण बढ़े हैं।
आत्मसात कर गुरु वाणी को
मन में अनगिन फूल खिले हैं।

हम सब हैं कितने उत्साहित
कल्याण मार्ग की ओर मुड़ा मन,
चल पड़ते हैं चरण स्वयं ही
गुरु वाणी अब होगी निःसृत।

उदबोधन पाकर हे! गुरुवर
जाने कितने मन बदले हैं,
आत्मसात कर गुरु वाणी को
मन में अनगिन फूल खिले हैं।

# Guru Purnima

Who knows how many blessings have been bestowed,
Guruvar, we have found you.
By assimilating the Guru's words
Countless flowers have bloomed in our hearts.

A simple, sweet smile glows on our calm, gentle face! Guruvar,
May we also become like you,
This is the wish in our hearts, sage.

The art of knowledge has awakened in our hearts.
Our feet have moved on the path of liberation.
By assimilating the Guru's words
Countless flowers have bloomed in our hearts.

We all are so excited
Our minds have turned towards self-welfare,
Our feet move on their own
The Guru's words will now flow forth.

After receiving the inspiration, O Guruvar,
Who knows how many hearts have changed,
By assimilating the Guru's words
Countless flowers have bloomed in our hearts.

# अपनी बात

स्वप्न पंछी की तरह पाले हैं,
इसलिए हर तरफ उजाले हैं।

जीत और हार
सिक्के के
दो पहलू
कोई हारेगा
तभी तो, जीत दर्ज
होगी दूसरे की।

फुर्सत के दिन-रात खो गए,
क्यों सारे जज़्बात सो गए
समीकरण कुछ ऐसे बदले-
चलते-चलते साथ खो गए।

जीवन की परिभाषा
जैसे धूप-छाया
या की मृग-तृष्णा
मन भरमाया
आज-कल रात-दिन
सांझ और सवेरा
बस, जीवन को क्षण-भंगुर पाया।

चंद लम्हों में
कैसे जान पाएंगे
एक दूजे को,
कहते हैं ज़िन्दगी
निकल जाती है
समझने, समझाने में।

मेरे हाथों की लकीरों में-
लिखे हैं जो भी नाम,
बस उन्हें दोहरा रही हूँ-
प्रार्थना के नाम पर।

पास तेरे आ न पाऊँ,
फिर भी कितने पास हूँ;
दूर तुम से जा न पाऊँ,
फिर भी कितनी दूर हूँ।

जगमगाते रात औ ' दिन,
मुस्कुराते हर एक पल छिन,
राह में खुशियाँ बिछी हों
फूल सा महके यूँ जीवन।

परिणय का समीकरण,
आजन्म साथ चलने की लगन,
सप्तपदी, सात वचन,
जन्म-जन्मों तक रहे ये मिलन।

समय, धैर्य, दृढ़ता-
जब तीनों मिल जाते,
निश्चित ही तब,
लक्ष्य सिद्ध हैं हो जाते।

जीवन के क्षण भंगुर पल
जाने कब क्या होगा कल
मन है क्यों आकुल-व्याकुल,
हर दिन जीवन जीता चल।

उम्मीदों की कश्ती
विश्वासों की पतवार
मन थाम ही तो लेता है
-बार-बार।

तुमसे ही घर की परिभाषा,
तुम हम सब के मन की भाषा,
कुछ लक्ष्य चुने, अरमान बुने,
पूरी हो मन की अभिलाषा।

जीवन भोर का सपना हो,
हर पल केवल अपना हो-
क्षण-भंगुर इस जीवन में
सबके मन में उतरना हो।

शुरू जहाँ से

हुई कहानी

हर दिन नये

रंग में रंग कर

कभी नहीं

होगी वो पुरानी।

तुम्हें देख कर

मन में ऐसा लगा,

मैं और तुम

जैसे हम हो गए।

चल दिए हैं

चलेंगे सदा साथ हम,

धूप हो, छाँव हो,

संग हम हो लिए।

कितना कहने को बाक़ी है,

कितना सुनने को बाक़ी है,

नहीं हिसाब करूँगी इसका,
बाक़ी रहना भी काफी है।

अजनबी थे
जब मिले थे,
मिल के मन
कुछ यूँ खिले थे
जैसे जन्मों
से तुम्हें
हम जानते-
पहचानते हैं।

## My Words

I've nurtured dreams like birds,
That's why there's light everywhere.

Victory and defeat
Two sides of a coin
Someone will lose
Only then will victory be recorded
by the other.

The days and nights of leisure are lost,
Why did all emotions fall asleep
The equations changed so much-
We lost each other while walking.

The definition of life
Like sunshine and shadow
Or a mirage
My mind is bewildered

Today-tomorrow, night-day
Dusk and dawn
I've only found life to be fleeting.

In a few moments
How will we get to know
Each other,
They say it takes a lifetime
In trying to understand, and making one understand.

In the lines of my hands-
Whatever names are written,
I'm just repeating them-
In the name of prayer.

I may not be able to come close to you,
Yet I am so close;
I can't go away from you,
yet I am so far away.

Nights and days sparkle,
Smiling every moment,
Happiness is spread along the path,
May life smell like a flower.

The equation of marriage,
The commitment to walk together for life,
Saptapadi, seven vows,
May this union last for many births.

Time, patience, perseverance-
When all three are combined,
Surely then,
Goals are achieved.

Fragile moments of life
Who knows what tomorrow will bring
Why is the mind restless,
Go on living life every day.

The boat of hopes

The rudder of beliefs
If the mind holds on,
It takes hold again and again.

You are the definition of home,
You are the language of all our hearts,
Choose some goals, weave desires,
May the heart's wishes be fulfilled.

May life be a dream of dawn,
Every moment be only ours-
In this fleeting life,
I want to enter everyone's heart.

From where
the story began,
Every day
painted with new colors,
Never will it
become old.

Seeing you,
I felt as if
you and I
have become 'we'.
We have begun,
We will always walk together,
Be it sunshine or shade,
We have become one.

How much is left to say,
How much is left to hear,
I will not count it,
A lot remains unsaid.

We were strangers
when we met,
Our hearts blossomed
as if,
for ages, we have
known each other.

# स्मृतियों की कुछ रेखाएं

यादों की गलियों में
अक्सर ढूँढा करता मेरा मन
माँ-दद्दा की छाँव तले
खेड़ा का वो घर-आँगन।

गर्मी की छुट्टियां जल्द-
घर पहुंचे, छटपट करता मन
आँगन भरा-भरा लगता है,
एक साथ परिवार के जान।

दिन में बैठक, रात में छत पर
अंतहीन बातों का क्रम,
माँ-दद्दा फूले न समाते
देख प्यार और अपनापन।

मंगल का दिन है बाज़ार का,
उत्साहित सबका ही मन,
घर में सबका ही मन रखतीं
प्यारी-प्यारी विजय, किरन।

कुआँ, कचहरी और चौबारा
मंदिर जी में शुभ दर्शन
मन-आँखों में बसा हुआ है
खेड़े का वो घर-आँगन।

कहाँ खो गए, कहाँ रह गए
कोई लौटा दे वो पल-छिन,
यादों में रखा है संजो कर,
काश! लौट पाते वो दिन।

# A Few Lines of Memories

In the lanes of memories
My mind often searches
Under the shadow of my mother (Maa) and father (Dadda),
Our home in Kheda – that courtyard.

Summer vacations, and soon
We reached home, my heart yearns
For the courtyard feels full,
With family together.

Days in the drawing room, night on the terrace
Endless conversation,
Maa-Dadda seem overjoyed
Seeing the love and belongingness.

It's a Tuesday at the market,
Everyone's excited,
Keeping everyone happy at home

Dear Vijay and Kiran.

The well, the court, and the courtyard
Auspicious darshan at the temple
Etched in my mind and eyes is
That home and courtyard in Kheda.

Where have they been lost, where have they gone
Someone somehow return those moments,
I have kept them safe in my memories,
Could those days return – I wish!

# जीवन-यात्रा

शाम-सवेरा
रात और दिन
धूप-छाँव
का फेरा।

जीवन-यात्रा
का हर राही
सोच-समझ
कर गुज़रा।

मंज़िल तय कर ली
जब मन में
नहीं-कहीं
कुछ घेरा।

# Life's Journey

Evening-morning
Night and day
Sun-shade
In a Circle.

Every traveler of
The life's journey
Thoughtfully
Passed by.

When the destination
is decided in mind, it is not far.

# कुछ मन की

यादों की कितनी बारातें
और अनकही मन की बातें
लगता है कितने युग बीते
जागी आँखें, जागी रातें।

कभी मन मुखर होता है,
कभी ये मौन रहता है,
बड़ी बारीकियों से मैंने
इस में झाँक कर देखा है।
ये कोरा आईना है
इसलिए बेचैन रहता।

संबंधों की दुनिया की
तुम परिभाषाएं मत पूछो-
बहुत अलग है सोच सभी की
अभिलाषाएं मत पूछो।

# Something from the Heart

So many processions of memories
And unspoken thoughts
It seems like ages have passed
Open eyes, awake nights.

Sometimes the mind is vocal,
Sometimes it remains silent,
I have peered into it with great detail.
It is a blank mirror
That's why it remains restless.

Of the world of relationships,
Don't ask for definitions-
Everyone's thinking is very different
Don't ask for desires.

# साथ

हाथ दोनों थाम कर
जब से चले हैं
अनगिनित खुशियों के
कैसे सिलसिले हैं।

स्वप्न जो मन में बुने
बस उन्हें जाना,
मुश्किलों को कभी
मुश्किल नहीं माना।

साथ हो तो सफर
आसां लग रहा है
रौशनी का कारवाँ
जैसे चल रहा है।

# Together

Holding hands
Ever since we've walked
What a string of countless joys
We've been through.

The dreams we weave in our hearts
I've only known them,
I've never considered difficulties

Together, the journey
feels easier
As if a caravan of light is moving.

# पथ का राही

राहें अगम हों
या कि सुगम हों,
तय करना ही
तो होता है।

पथ कई भागों में
बँट जाते
दाँये-बाँये
आगे-पीछे

किस राही को
कहाँ है मुड़ना
पल भर रुकना
और समझना,

निर्णय राही-
का होता है।

चलते ही-

जाना जीवन है,

बढ़ते ही-

जाना होता है।

# The Traveler on the Path

Whether the path is
Difficult or easy,
One has to decide.

Paths divide
into many parts
right-left
front-back

Which traveler
is to turn where,
stop for a moment
and consider,
the decision is the traveler's.
As you walk,
Going on is life
Going on-
You have to go.

# जीवन पथ

जीवन पथ पर
चलते-चलते
कुछ स्नेह दिया
कुछ प्यार मिला

मैंने उसको
पाथेय समझ
पूरे मन से
स्वीकार किया।

पाथेय सहारा
राही का
रखा संभाल
करके उसको,
आड़ी-तिरछी

रेखाओं सी

राहों को

मैंने पार किया।

मंज़िल तक

देगा साथ यही

मेरे मन ने

स्वीकार किया।

# The Path of Life

On the path of life
Walking along,
Gave some affection
Received some love.
As a gift and blessing,
I accepted it wholeheartedly.
It was to support,
I kept it safe,
And traversed the
Criss-crossing paths.
My heart
accepted that
it will accompany me
until the destination.

# शुभ रक्षाबंधन

रक्षा-सूत्र सजे थाली में
रोली, अक्षत औ 'चन्दन,
शुभ दिन, शुभ मुहूर्त है भैया
राखी ले कर आयी बहिन,

षट मिष्ठान सजे रखे हैं,
भाभी का सब संयोजन,
भाई-बहिन का प्यार अनूठा
शुभ-मंगल रक्षा बंधन।

# बेटी

मायके में
माँ-पापा का साया
बेटी का मन
माँ के आँचल में
सिमट आया
आँगन में।

खेलता बचपन
भाई के-
साथ शरारतों
की उधेड़बुन
न जाने कितने
राज़, बांटता
दोनों का मन,
बहिन के

मन की आभा
भाई-भाभी से
मायके की शोभा।

भाई की आँखों
की मनुहार
भाभी का
छलकता प्यार।

मायके में
बिटिया जैसे
ठण्डी बयार,
भतीजे-भतीजियों
का इंतज़ार-
बुआ का-
अनोखा प्यार।

## Daughter

At her parents' home
The shadow of her parents
The daughter's heart
In her mother's lap
In the courtyard.
Childhood playing
with her brother-
Puzzling pranks,
Who knows how many
secrets, both share.
The aura of sister's heart,
Brother and sister-in-law
Adorning her parents' home.
The pleading of her brother's eyes,
Sister-in-law's
overflowing love.
At her parents' home,
A daughter like

Cool breeze,
Waiting for her
Nephews and nieces
Imparting aunt's
Unique love.

# माँ

नींद मुझे आएगी कैसे,
तेरी लोरी सुने बिना माँ,
वहीं से गुनगुना दे माँ तू
सुन पाऊँगा मैं यहाँ

लोरी न हो तो कोई कहानी
परियों की या राजा-रानी
सुन पाऊँगा मैं यहाँ
सो जाऊँगा सुन कर माँ

सपने में तब तू आयेगी
धीरे से छू कर के मुझको
बालों को यूँ सहलायेगी

तेरा हाथ थाम लूँगा तब
चुपके-चुपके प्यारी माँ,
आँखें मूँदे प्यारी माँ।

## Mother

How will I sleep,
Without hearing your lullaby, Mother?
Hum it from there, Mother,
I will be able to hear it here.

If not a lullaby, then a story
of fairies or kings and queens
I will be able to hear it here.
I will fall asleep after hearing it, Mother.

Then you will come in my dreams,
Touching me gently,
You will caress my hair like this,
Then I will hold your hand.
Secretly, dear Mother,
Close your eyes, dear Mother.

# मनन

साहस की परिभाषा
से तुम
बढ़ रहे समर्पित
भाव लिए

जो लक्ष्य तय किये,
उन राहों पर-
विश्वासों के दीप
जल रहे

रौशनी इस तरह
बिखरी है
आशाओं के सौ
फूल खिले

कुछ कदम बढ़ाने
हैं आगे
मंज़िल आ कर के
गले मिले।

भरी मुस्कान
तुम्हारे श्रम की
है पहचान,
दूर हो जाते
सब व्यवधान।

लक्ष्य की ओर
लगी आँखें-
परिवार के
तुम अभिमान।

पलकें बिछी
हुई हैं

देखो, आज

तुम्हारी राहों में,

खुशियाँ घर

भर में

बिखरी हैं

तुम्हे थाम लें

बाहों में।

# तुम साथ हो

तुम से मिल के
साथ चल के
हम यहां तक
आ गए।

खिल कर महकने
हम लगे
खुशियों के पल
यूँ छा गए।

जैसे महकती
चांदनी में हम
उतर कर आ गए,
जब हमसफ़र
तुम साथ हो,

जीवन में दिन-
हो रात हो,
हर दिन सवेरा
साथ हो,

हाथों में दोनों
हाथ हों,
पा लेंगे हर
मंज़िल सदा
जब साथ हो,
तुम साथ हो ...

## You Are with Me

After meeting you
By walking together
We have come this far.

We began to bloom and smell sweet
Moments of happiness
Spread like this.

As if we were in the fragrant moonlight
We have come down,
When our fellow travelers
You are with me,

In life, day and night,
Every day is morning
You are with me,

With both hands in our hands,
We will always reach every destination
When we are together,
You are with me...

# फिर मिलो

कभी ख़्वाबों में मिलो
या कि ख़यालों में मिलो
ऐसी मजबूरी भी क्या
ख्वाबों में आने से डरो।

ख़्वाब तो ख़्वाब हैं,
आँखें खुलीं औ' टूट गए
कुछ कहीं याद रहे,
और सभी भूल गए।

वादा क्या था, तुम्हें
अब याद नहीं,
आये जब याद, तो
यादों में ही आकर मिलो
कभी ...

रास्ते एक हैं तो
कभी तो टकराएंगे
जैसे देखा ही नहीं
ऐसे गुज़र जाएंगे।

दिल अगर कहता
है, मत पहचानो
अजनबी बन के रहो
अजनबी जैसे ही मिलो।

## Meet Again

Meet in dreams sometime
Or meet in thoughts
What's this compulsion?
Be afraid to come in dreams.

Dreams are dreams,
Your eyes opened and they were shattered
Something remained in memory,
And everyone forgot.

What was the promise, you
Don't remember now,
When you remember,
Come and meet in memories
Sometime...

If our paths are the same
We will meet sometime

As if we never met
We will pass by.

If the heart says
Don't recognize
Stay as a stranger
Meet as strangers.

# घर आँगन

आशीषों से सिंचित
है ये घर आँगन,
एक फूल और एक
कली से शोभित मन,

माँ-पापा का प्यार
और शुभ निर्देशन,
यश, सुगंध फैले,
सुरभित हो जगजीवन,

हम दोनों की यही
कामना आजीवन
राहें सुगम हों,
प्रगतिशील हो नवजीवन।

## Home and Courtyard

This home and courtyard is watered with blessings,

A flower and a bud

A heart adorned with love,

Mother and father's love

And good guidance,

May fame and fragrance spread,

May life be fragrant throughout the world,

This is our lifelong wish,

May the paths be smooth,

May our new life be progressive.

# बचपन बच्चों का

हरदम ऐसा लगता है
मन के घरौंदे में,
तुम्हारे बचपन के
जो अक्स हैं, वही
मेरे जीवन का-
सबसे बड़ा सच है।

वो अनमोल बचपन
तुम्हारा, मन के-
आँगन में, आँखों में
किलकारियां भरता है
और मैं ठगी सी
अपलक मन में-
झांकती रह जाती हूँ।

वो यादों के फूल
मन के उपवन में-
खिलते, महकते रहते हैं।

## Childhood of Children

It always seems like
In the nest of my mind,
The reflection of your childhood
is the greatest truth
of my life.

That precious childhood
of yours,
in the courtyard of my mind,
fills my eyes
with laughter
and I, as if deceived,
keep peeping
into my mind.

Those flowers of memories
bloom and smell
in the garden of my mind.

# रंजू

गोद से उतर कर लड़खड़ाता
पहला कदम बढ़ाया था
मेरी उँगली पकड़ कर तुमने
वह अटपटी चाल-
जिसे हृदय थाम कर मैं
देखते नहीं थकती थी मैं।

फिर सोचती थी-कब तेज
दौड़ोगे औरों की तरह?
आज तुम्हारे यश की गंध
प्रगति की और दौड़ते चरण
हाँ! तुम्हारे ही हैं।

दूसरों से बहुत तेज़, बहुत आगे,
हाँ! यही तो थी मेरी चाह, मेरा सपना,

तुम्हारा बहुत आगे बढ़ना-
शीर्ष पर पहुंचना,
असीम स्मृतियाँ सहेजे-
मन में नाम आँखों से
पढ़ रही हूँ, सुन रही हूँ तुम्हें।

नहीं हूँ तुम्हारे पास इस क्षण
पर जानती हूँ-पास होते तो
धीरे से मेरे कंधे पर
तुम अपना मस्तक टिका देते
सदा की तरह।

# हमारे सपने

जीवन में चलते-चलते
कुछ पल-छिन छाँटे थे
तुम्हें याद होगा, हमने-
कुछ सपने बाँटे थे।

सपने बाँट लिए थे
लेकिन मन ना बांटे थे,
धूप-छाँव की राह गुज़र
में अनगिन कांटे थे;
चुभते काँटे कुछ न कर सके,
मन जो सांझे थे,
तुम्हें याद होगा, हमने-
कुछ सपने बाँटे थे।

टुकड़ों-टुकड़ों में मंज़िल तक
पहुँच गए हैं हम,
बिसरा दें वो दिन-रातें
जो साथ न काटे थे,
तुम्हें याद होगा, हमने-
कुछ सपने बाँटे थे।

## Our Dreams

While moving through life
We selected some moments and seconds
You will remember, we-
We shared some dreams.

We shared our dreams
But we did not share our hearts,
The path of sunshine and shade passed
There were countless thorns;
The pricking thorns could do nothing,
The hearts we shared,
You will remember, we-
We shared some dreams.

We have reached our destination in pieces,
Let us forget those days and nights
We did not spend together,
You will remember, we-
We shared some dreams.

# कुछ सवाल-नन्हे मुन्ने, भोले-भाले...

चाँद इतनी-
दूर क्यों है
और वो,
जलता है कैसे,
पास वाला
ही सितारा
क्या जलाने
का बटन है?

बहुत ऊपर
हैं सितारे
जैसे करते
हैं इशारे
पर नहीं
है पता
क्या वो
कह रहे हैं-...

और पेड़ों
के ये पत्ते
हिल रहे हैं।

बात कुछ आपस
में मिल कर
कर रहे हैं,
नहीं कुछ आवाज़
जैसे हँस रहे हैं ...

नन्हे-मुन्ने
इन सवालों
की सदा-
मन को जैसे
छू रही है।
भोले-भाले
सब सवालों
की हवा
मन को
शीतल कर रही हैं।

## Some Questions-Little Ones, Innocent Ones...

Why is the moon so far away?
And how does that,
the nearest star,
burn?
Is there a button to turn it on?

The stars are high up,
as if making gestures,
but I don't know
what they are saying...

And these leaves on the trees are moving.
They are talking among themselves,
no sound,
as if they are laughing...

These little ones'
questions are always touching
their hearts.
The breeze of all these innocent
questions is cooling
their minds.

# पहेली

पहेली सा ये जीवन
सुबह-शाम, धूप-छाँव
सुख-दुःख का संयोजन
कभी हास्य, कभी रुदन।

मनचाहा पाने की लगन,
लक्ष्य का पीछा करते पल-छिन
और भूल जाता है मेरा मन
कितना क्षण-भंगुर है जीवन।

हाँ! एक पहेली सा जीवन
बूझने का करें यत्न।

कुछ खुशियों को गले लगा लें,
दौड़ भाग से कुछ पल चुरा लें,

स्नेह बाँटे और स्नेह संभालें
जीवन में वैमनस्य न पालें।

मन के आँगन में सद्भावना
के कुछ फूल महका लें।

# Riddle

This life is like a puzzle
Morning and evening, sunshine and shade
A combination of joy and sorrow
Sometimes laughter, sometimes tears.

The passion to achieve what one desires,
Chasing the goal every moment
And my mind forgets
How fleeting life is.

Yes! Life is like a puzzle
Try to solve it.

Embrace some happiness,
Steal a few moments from the hustle and bustle,
Share affection and cherish it
Don't harbor animosity in life,

Let some flowers of goodwill
bloom in the courtyard of your mind.

# अनुज-विरह

संघर्षों की
जीवन-यात्रा
पूरी कर के
स्वाभिमान से;
कहाँ शुरू की
अनंत यात्रा?

तुम बिन अब
ये सवेरा कैसा,
रात और दिन,
सालें-कैसी
मन को बाँटेंगे
अब किस से,
कौन सुनेगा
भीगे मन की।

नहीं कहा कुछ,

नहीं सुना कुछ,

मन कैसे

ढूँढेगा तुम को।

# Separation From My Younger Brother

Having completed the struggles
of life's journey
with self-respect;
where did I begin
this endless journey?

Without you now
what kind of morning,
night and day,
what kind of years
will I share my heart
with whom now,
who will listen
to my tearful heart?

You didn't say anything,
I didn't hear anything,
how will my mind
find you.

# घर

घर का आँगन
नन्हा बचपन
लौट-लौट
जाता है मन।

चाह यही है
जा कर देखूँ
माँ-पापा का
मन-उपवन।

मन-उपवन
सूना न रहेगा
बार-बार
आएगी याद,
मन को मैं

पुलकित कर दूँ
सामने रख
सारी फ़रियाद।

छुपा लूँ मुख
माँ के आँचल में,
सारी खुशियाँ
उसके बाद।

# तन्हाई से क्या घबराना

तन्हाई से क्या घबराना,
जीवन का ये ताना बाना।
नशा मान कर इसे न चलना,
तन्हा आना तन्हा जाना।

ग़म के पर्वत नहीं समझना,
तम को झरना नहीं मानना।
अगम नहीं कुछ चलते जाना,
जीवन का ये ताना बाना।

जब जाना है, तब है जाना,
भार सदृश जीवन न समझना।
बाल-सुलभ मन रख कर जीना,
तन्हा आना तन्हा जाना।

# Why Be Afraid of Loneliness?

Why be afraid of loneliness,
This is the fabric of life.
Don't walk around it like an intoxication,
Come alone and go alone.

Don't consider it a mountain of sorrow,
Don't consider darkness a waterfall.
Nothing is unfathomable, keep moving,
This is the fabric of life.

Go when you have to,
Don't consider life a burden.
Live with a childlike mind,
Come alone and go alone. ·

# प्यारी लल्ली

ओ मेरी
छोटी सी बहना
तू है
मेरे मन का गहना

होठों पर
जो स्मित-रेखा
खुशियों को
बस उसमें देखा

तू है
कितनी सुन्दर प्यारी
मेरी ममता
तुझ पर वारी

भाई-बहिन की
थी एक टोली
पर अब
हम दोनों हमजोली

इक दूजे
को देखा करते
अपने मन
हम बाँटा करते।

# नव वर्ष

मंगल सूर्योदय
सुनहरी रश्मियों
से सजी धारा
मन में हर्ष-
उत्साह साथ-
साथ उतरा
निश्चित किये संकल्प
पूरे हों बिना
किसी निकल्प
तय किये लक्ष्य
तक पहुँचें
हर कदम
सबकी आँखों
में सपने
सजें हरदम

विश्व शान्ति

का हो हर

मन में स्पंदन

कुछ ऐसे पड़ें

नव-वर्ष के चरण।

## New Year

Auspicious sunrise
Golden rays
Adorned stream
Joy and excitement in the heart
Down together
Resolves made
May they be fulfilled
Without any choice
Goals set
Reaching
at every step
Dreams
in everyone's eyes
Always adorned
May world peace
vibrate in every
heart
May the New Year's feet fall
like this.

# नीलिमा

आरज़ू पूरी हुई
जब तुम्हें पाया
थामा हाथों में तुम्हें
मन जगमगाया

अरमां मन में हैं
सदा खुश तुम्हें देखें
अनगिनित यादों में
हरदम तुम्हें पाया।

# शुभ दिन

माँ बनने
का गौरव
प्रथम तुमसे
है पाया-

मन के आँगन
में जैसे
चाँद उतर आया

जीवन की
हर ख़ुशी
मिल गयी
हो जैसे
जब तुम्हें
मैंने आँचल

में छुपाया।

अपलक देखूँ

बस देखती रहूँ

तुम्हें देख कर

मैंने सब कुछ पाया।

गोद से

उतर कर

खड़े हो गए

नन्हें नन्हें पाँव

बड़े हो गए

आगे बढ़कर

हर लक्ष्य

को छुए

मन चाही ख़ुशिओं

तक पहुँचते हुए

आशीषों की

छाँव तले

जीवन चले।

माँ का मन

हर क्षण कामना करे

चिरायु हो-

मंगलमय ये

शुभ दिन हो।

## Happy Day

The pride of becoming a mother
I first received it from you-

It felt as if the moon had descended
in the courtyard
of my heart

It was as if I had found
every happiness of life
when I hid you
in my lap.

I stare unblinkingly
I just keep looking
Just by looking at you
I found everything.

After getting down
from my lap
Your tiny feet
have grown up

Moving forward
Touching every goal
Reaching the desired happiness

May life go on
under the shade
of blessings.

A mother's heart
Wishes every moment
May you live long-
May this
auspicious day be auspicious.

# रोमी

उतर जाता है मन
कहीं मधुवन में-
वही मनुहार है
अब भी तेरी चितवन में।

वो पहली बार
बाँहों में उठाया तुमको
अनेकों आरज़ू से
तो पाया तुमको

वही इज़हार है
अब भी तेरी चितवन में
वही मनुहार है
अब भी तेरी चितवन में

वो सच्ची राह, निष्ठा
से बढ़ो जीवन में आगे तुम
हमारे आशीषों की छाँव
तुम पर यूँ रहे हरदम;

कहीं खुशियाँ, बहारें
हों सदा जीवन में,
वही तो प्यार है,
अब भी तेरी चितवन में

वही मनुहार है
अब भी तेरी चितवन में।

# स्वरीना

अंदाज़े बयां
ऐसा तेरा
खिल जाते हैं-
सबके ही मन

कुछ पल को दूर
चली जाती,
सूना लगता है
घर-आँगन

उगते सूरज की
रश्मि सी-
जो कर देती
जग को रोशन।

# अशोक

सूखे पात गिरे वृक्षों से
मन न कभी अकुलाया,
जग की है यह रीति
सनातन, ऐसा होता आया;

झरते देखे हरे पात
बरबस ये जी भर आया,
हाय, विधाता यही न्याय है,
कैसी तेरी माया।

# श्रीप्रकाश शुक्ल

हिंदी के सुप्रसिद्ध कवि, आलोचक व गद्यकार

जन्म: 18 मई 1965 को सोनभद्र (उत्तर प्रदेश) जिले के बरवां गाँव में।

शिक्षा: एम.ए., पीएचडी. (हिंदी) (इलाहाबाद विश्वविद्यालय)

* प्रकाशित कृतियाँ:

  कविता संग्रह:

  "अपनी तरह के लोग", "जहाँ सब शहर नहीं होता", "बोली बात", "रेत में आकृतियाँ", "ओरहन और अन्य कवितायें", "कवि ने कहा", "क्षीरसागर में नींद", "वाया नई सदी"

* आलोचना:

  "साठोत्तरी हिंदी कविता में लोक सौन्दर्य", "नामवर की धरती", "हजारी प्रसाद द्विवेदी-एक जागतिक आचार्य", "महामारी और कविता", "राग रविदास", "भक्ति का लोकवृत्त और रविदास की कविताई"

  यात्रा संस्मरण-'देस देस परदेस'

लेखक पर केंद्रित पुस्तकें-

1. असहमतियों के वैभव के कवि श्रीप्रकाश शुक्ल-संपादक: कमलेश वर्मा, सुचिता वर्मा

2. कवि की बात: श्रीप्रकाश शुक्ल की रचनाओं पर एकाग्र 'रचनावली' पत्रिका का विशेषांक संपादक: अनिल कुमार पांडेय

3. झुकना किसी को रोपना है-श्रीप्रकाश शुक्ल की चुनी हुई कविताएँ: चयन व भूमिका-विंध्याचल यादव, राजकमल प्रकाशन

4. श्रीप्रकाश शुक्ल: चुनी हुई रचनाएं: संपादक: कमलेश वर्मा, सर्व भाषा ट्रस्ट प्रकाशन

5. बनारस, बीएचयू और श्रीप्रकाश शुक्ल: संपादक: आर्यपुत्र दीपक, पांडेय, सेतु प्रकाशन,

* संपादन:

“परिचय” नाम से एक साहित्यिक पत्रिका का संपादन.

* पुरस्कार:

कविता के लिए “बोली बात” संग्रह पर वर्तमान साहित्य का मलखानसिंह सिसोदिया पुरस्कार, “रेत में आकृतियाँ” नामक कविता संग्रह पर उत्तरप्रदेश हिंदी संस्थान का नरेश मेहता कविता पुरस्कार, “ओरहन और अन्य कवितायेँ” नामक कविता संग्रह के लिए

उत्तर प्रदेश हिंदी संस्थान का 'विजय देव नारायण साही कविता पुरस्कार', शमशेर सम्मान-2020

* कई कविताओं का अंग्रेजी, पंजाबी, मराठी भाषा में अनुवाद।
* वर्तमान में बी०एच०यू० के हिंदी विभाग में प्रोफेसर के पद पर कार्यरत हैं तथा भोजपुरी अध्ययन केंद्र, बी. एच. यू. के समन्वयक रह चुके हैं।

www.ingramcontent.com/pod-product-compliance
Lightning Source LLC
LaVergne TN
LVHW090423210926
848480LV00002B/664

* 9 7 9 8 9 0 3 1 9 9 8 2 2 *